Un libro de Las Raíces de Crabtree

OFICIAL DE POLICÍA

DOUGLAS BENDER
Traducción de Pablo de la Vega

La gente que conozco

CRABTREE
Publishing Company
www.crabtreebooks.com

Apoyos de la escuela a los hogares para cuidadores y maestros

Este libro ayuda a los niños en su desarrollo al permitirles practicar la lectura. Abajo están algunas preguntas guía para ayudar al lector a fortalecer sus habilidades de comprensión. En rojo hay algunas opciones de respuesta.

Antes de leer:
- ¿De qué pienso que trata este libro?
  - *Este libro es sobre los oficiales de policía.*
  - *Este libro es sobre cómo se ven los oficiales de policía.*
- ¿Qué quiero aprender sobre este tema?
  - *Quiero aprender dónde trabaja un oficial de policía.*
  - *Quiero aprender qué hace un oficial de policía.*

Durante la lectura:
- Me pregunto por qué...
  - *Me pregunto por qué algunas personas deciden trabajar como oficiales de policía.*
  - *Me pregunto por qué los oficiales de policía usan radios.*
- ¿Qué he aprendido hasta ahora?
  - *Aprendí que los oficiales de policía protegen a la gente.*
  - *Aprendí que algunos oficiales de policía viajan en motocicletas.*

Después de leer:
- ¿Qué detalles aprendí de este tema?
  - *Aprendí que los oficiales de policía trabajan en estaciones de policía.*
  - *Aprendí que los oficiales de policía pueden manejar distintos tipos de vehículos.*
- Lee el libro una vez más y busca las palabras del vocabulario.
  - *Veo la palabra **estación** en la página 6 y la palabra **motocicletas** en la página 10. Las demás palabras del vocabulario están en la página 14.*

Él es un **oficial de policía**.

Un oficial de policía ayuda a la gente.

Este oficial de policía está en la **estación** de policía.

Este oficial de policía tiene un **radio**.

Algunos oficiales de policía viajan en **motocicletas**.

¿Conoces a algún oficial de policía?

Lista de palabras

Palabras de uso común

a	él	gente
algún	en	la
algunos	es	un
de	este	

Palabras para conocer

estación

motocicletas

oficial de policía

radio

44 palabras

Él es un **oficial de policía**.

Un oficial de policía ayuda a la gente.

Este oficial de policía está en la **estación** de policía.

Este oficial de policía tiene un **radio**.

Algunos oficiales de policía viajan en **motocicletas**.

¿Conoces a algún oficial de policía?

Written by: Douglas Bender
Designed by: Rhea Wallace
Series Development: James Earley
Proofreader: Ellen Rodger
Educational Consultant:
Marie Lemke M.Ed.
Translation to Spanish:
Pablo de la Vega
Spanish-language lay-out and proofread: Base Tres
Print and production coordinator: Katherine Berti

La gente que conozco

OFICIAL DE POLICÍA

Photographs:
Shutterstock: VAKS: cover; John Roman Images: p. 1; Kraken Images: p.3, 14; Nic Neufeld: p.5; Photographee.eu: p. 7, 14; LightField Studio: p. 9, 14; CL Shelby: p. 10-11, 14; Simon Hogan: p. 13

Library and Archives Canada Cataloguing in Publication

Title: Oficial de policia / Douglas Bender.
Other titles: Police officer. Spanish
Names: Bender, Douglas, 1992- author. | Vega, Pablo de la, translator.
Description: Series statement: La gente que conozco | Translation of: Police officer. | Translation to Spanish: Pablo de la Vega. | "Un libro de las raíces de Crabtree". | Text in Spanish.
Identifiers: Canadiana (print) 20210210176 |
    Canadiana (ebook) 20210210184 |
    ISBN 9781427141453 (hardcover) |
    ISBN 9781427141514 (softcover) |
    ISBN 9781427141330 (HTML) |
    ISBN 9781427141392 (EPUB) |
    ISBN 9781427141576 (read-along ebook)
Subjects: LCSH: Police—Juvenile literature.
Classification: LCC HV7922 .B4618 2022 | DDC j363.2—dc23

Library of Congress Cataloging-in-Publication Data

Available at the Library of Congress

Crabtree Publishing Company
www.crabtreebooks.com   1-800-387-7650

Printed in the U.S.A./062021/CG20210401

Copyright © 2022 **CRABTREE PUBLISHING COMPANY**

All rights reserved. No part of this publication may be reproduced, stored in a retrieval system or be transmitted in any form or by any means, electronic, mechanical, photocopying, recording, or otherwise, without the prior written permission of Crabtree Publishing Company. In Canada: We acknowledge the financial support of the Government of Canada through the Canada Book Fund for our publishing activities.

Published in the United States
Crabtree Publishing
347 Fifth Avenue, Suite 1402-145
New York, NY, 10016

Published in Canada
Crabtree Publishing
616 Welland Ave.
St. Catharines, Ontario L2M 5V6